AI初心者のための完全ガイド

人工知能が世界をどのように変えているのか – そしてそれをどのように利益に変えることができるのか

ジョー・コレア著

Live Stronger Faster により出版

本書は教育および情報提供のみを目的としています。著者および出版社は、法律、金融、またはその他の専門的助言を提供するものではありません。財務上の意思決定を行う前に、資格を持つ専門家に相談することをお勧めします。

初版

目次

序章

AI完全初心者ガイドへようこそ。本書は、強力で刺激的、そして世界を変えつつある人工知能の世界への最初の重要な一歩となる一冊です。

もしあなたが、難しいテクノロジー用語に圧倒されたことがあったり、AIはプログラマーやシリコンバレーの天才だけのものだと思っていたなら、この本はまさにあなたのために書かれました。コンピューターサイエンスの学位は必要ありません。プログラミングも必要ありません。必要なのは、好奇心と、AIの時代において個人的、職業的、そして経済的に成長したいという意欲だけです。

この本では、次のような内容をわかりやすく解説していきます。

人工知能とは実際に何なのか(誰でも理解できる言葉で)
AIが単なる流行ではなく、インターネットや電気のような恒久的な変化である理由
AIが医療、金融、不動産など、あらゆる産業をどのように変えているのか
今すぐ使い始めることができる日常的なAIツールやアプリ
そして最も重要なのは、初心者であってもAIを収入源に変える方法です

まずは基本から始めます。AIのさまざまな種類、機械学習とディープラーニングの違い、「生成AI」「GPT」「ニューラルネットワーク」といった言葉が実際に何を意味するのかを理解していきます。

しかし、本書は理論だけでは終わりません。この本には、AIを使って利益を得るための実践的な方法が数多く紹介されています。あなたがフリーランサーであっても、ビジネスオーナーであっても、学生であっても、親であっても、あるいはもっと自由な生活を求めている人であっても役立つ内容です。

本書では、次のようなAIツールを活用している人々の例も紹介します。

ChatGPTを使ってコンテンツ、メール、ビジネスプランを書く方法
MidjourneyやDALL·Eを使ってアート、ロゴ、SNSコンテンツを作成する方法
ElevenLabsやResemble.AIを使ってオーディオブックやナレーションを作成する方法
SynthesiaやHeyGenを使ってカメラに映らずに動画を制作する方法
Notion AI、Claudeなどを使って生産性を高め、作業を自動化する方法

本書では、実際の成功事例も紹介します。1年前にはAIについて何も知らなかった人たちが、今ではシンプルなAIツールを使って月1,000ドルから10,000ドル以上を稼いでいます。彼らが成功した理由は、早く始めたからではありません。行動を起こしたからです。

これは単なる流行や誇張の話ではありません。これはチャンスの話です。AIはすでに存在し、仕事、ビジネス、そして経済を変えています。そして、この変化はまだ始まったばかりです。

あなたは傍観者として見ていることもできますし、この力を自分の人生や目標のために活用することもできます。

AIを理解し、活用し、そこから利益を得たいと思っているなら、あなたは正しい場所にいます。

さあ、AIマスターへの旅を始めましょう。経験は一切必要ありません。

第1章：人工知能とは何か？

第1章：人工知能とは何か？

人工知能（AI）は、通常は人間の知能を必要とする作業を実行できるシステムを構築することに焦点を当てたコンピューターサイエンスの分野です。これには、言語の理解、パターンの認識、問題解決、意思決定などが含まれます。

しかし、難しく考える必要はありません。AIの本質は、単純に「学習し、賢く行動できる機械」を意味します。AIは、人間が新しいことを学ぶときのように、データや経験を処理しながら時間とともに改善していくソフトウェアだと考えてください。

AIの3つの種類

AIを理解する最も簡単な方法は、3つのカテゴリーに分けて考えることです。

ナロー**AI**（特化型**AI**）
これは現在私たちが使っているAIです。映画をおすすめしたり、Alexaを動かしたり、メールを書いたりするなど、特定のタスクのために設計されています。

汎用**AI**（**AGI**）
これは理論上のAIで、人間と同じようにあらゆる分野で知的に行動できるAIです。まだ実現していません。

スーパー**AI**

将来の可能性として考えられているAIで、人間よりも賢い知能を持つものです。現時点ではまだSFの世界の話です。

現在はナローAIが主流であり、実際のビジネスや収益のチャンスもここにあります。

現実世界の**AI**の例

AIはすでに私たちの生活のあらゆる場所に存在しています。

Googleマップはを使って交通状況を予測します。
Netflixは視聴履歴を分析しておすすめの作品を表示します。
銀行は支出パターンを分析して不正利用を検出します。
ChatGPTはメール、文章、さらにはコードまで作成します。

YouTube、Uber、Amazon、Siriを使ったことがあるなら、すでにAIを使っているということです。これからの目標は、ただ使うだけでなく、AIから利益を得ることです。

AIの仕組み(シンプルな説明)

AIの中心にあるのはデータです。AIモデルは、膨大なデータセット(数十億の文章や画像など)を使って学習します。時間が経つにつれて、これらのモデルはパターンを理解し、その知識を使って予測や新しいコンテンツを生成します。

代表的なAIモデルの種類には次のようなものがあります。

機械学習（**Machine Learning**）

データから学び、継続的に改善していく技術です。

ディープラーニング（**Deep Learning**）

ニューラルネットワークを使って人間の脳の仕組みを模倣する技術です。

生成**AI**（**Generative AI**）

テキスト、画像、音声など、新しいコンテンツを生成するAIです。

ChatGPT、Midjourney、DALL·Eなどの人気ツールは、生成AIを利用しています。

なぜこれがあなたにとって重要なのか

AIはエンジニアや大企業だけのものではありません。実際、今最も大きなチャンスは次のような人たちに開かれています。

AIを使ってデジタル商品を作るフリーランサー
作業を自動化する中小企業のオーナー
授業をAI生成コースに変える教師
自分で録音せずにナレーションやオーディオブックを作るクリエイター

つまり、AIは究極の「平等化ツール」です。技術者である必要はありません。重要なのは、AIをどこに活用するか、そしてAIツールを収入に変える方法を知ることです。

ロボットは考えるの？

ダニエルはコーヒーを一口飲みながら、10歳の娘の質問に驚いて手を止めました。彼はノートパソコンから目を上げて微笑みました。朝の太陽がキッチンに差し込み、シリアルのボウルと彼女のくるくるした髪を照らしていました。

「まあ、ある意味ではね」と彼は言いました。「僕たちみたいじゃないけど、今は学習できるんだ。それがAIなんだよ。」

彼は最近、教師が「ChatGPT」というツールを使って数分で授業計画を作っているという記事を偶然見つけました。興味を持った彼はその夜試してみました。そして驚きました。数秒で、彼自身よりも分かりやすい授業のまとめを書いてくれたのです。

その瞬間から、彼の夜はAIの調査に変わりました。YouTubeのチュートリアルを見たり、「機械学習」「ニューラルネットワーク」「GPT」といった言葉を次々と検索したりしました。これまで一度もプログラミングを学んだことのないダニエルは、気づけばAIの世界に夢中になっていました。

彼は、AIには3つのレベルがあることを知りました。ChatGPTのようなツールは「ナローAI」と呼ばれるもので、特定の作業を得意とするシステムでした。文章作成、画像生成、カスタマーサポートのチャットボットなどです。そしてそれらはすでにどこにでも存在していました。彼の家のサーモスタットでさえAIを使っていたのです。

次に彼が知ったのは「汎用AI」。これは人間のように考え、推論できるAIという理論的な概念です。まだ存在していません。そして「スーパーAI」。これは映画のターミネーターのような、自己認識を持つ機械の世界です。興味深いですが、まだ遠い未来の話です。

ダニエルはAIを使って生活を楽にすることに夢中になりました。ChatGPTに複数選択式のクイズを作らせました。それだけで何時間もの作業が節約できました。AI動画生成ツールを使って授業用のアニメーションを作りました。生徒たちは大喜びでした。

そして彼は大胆なことを試しました。教師向けのマーケットプレイスで授業テンプレートを販売し始めたのです。

驚いたことに、すぐに売れ始めました。以前は週末を丸ごとかけて作っていた教材が、ChatGPTを使えば20分で完成しました。最初の週の売上は86ドル。翌月は342ドル。その次の月には600ドルを超えました。

彼はAIを使っているだけではありませんでした。AIから利益を得ていたのです。

プログラミングを知らなくても。家から一歩も出なくても。

ある夜、ダウンロード数と顧客のレビューを確認していると、娘のミアがまた彼の肩越しに画面を覗き込みました。

「そのロボットが手伝ってるの？」と彼女は聞きました。

ダニエルは微笑みました。「そうだよ。でもロボットは僕の代わりじゃない。僕のために働いてくれているんだ。」

その瞬間、彼ははっきりと理解しました。AIは恐れるものではありません。仕事を奪う存在でもありません。それはツールです。電卓や電子レンジのようなものです。使い方を学んだ人は、より速く進み、より賢く働き、より自由に生きることができます。

その夜、ダニエルはノートパソコンを閉じながら、ある重要なことに気づきました。世界は急速に変わっている。しかし歴史上初めて、教師、親、クリエイター、フリーランサーといった普通の人々が、かつてはシリコンバレーの巨大企業だけが持っていたテクノロジーにアクセスできるようになったのです。

必要なのはただ一つ。

始めることです。

第2章:今日から使える主要なAIツール

コーディングは不要

AIを使うために、開発者、データサイエンティスト、エンジニアである必要はありません。実際、現在利用できる最も収益性の高いAIツールの多くは、技術的な知識を持たないユーザーのために設計されています。これらのツールはシンプルなインターフェースを備えており、Google　DocsやCanvaのように直感的に使えるものが多くあります。多くは無料または低コストで利用でき、経験がなくてもコンテンツ作成、作業の自動化、ビジネスの拡大をサポートしてくれます。これらのツールを、あなたのバーチャル従業員だと考えてください。ライター、デザイナー、編集者、ナレーター、さらにはビジネスコンサルタントとしても機能します。では、今日から使い始めることができる、最も人気があり強力なAIツールを見ていきましょう。

テキスト生成ツール

これらのツールは、コンテンツ作成、アイデアのブレインストーミング、メールの自動化、さらにはビジネス構築までサポートします。ChatGPT(OpenAI)は、ブログ記事、メール、商品説明、スクリプト、授業計画、広告コピーなどを作成するのに役立ちます。電子書籍の販売、デジタルコースの作成、フリーランスライティング、顧客対応の自動化など、収益化の可能性もあります。Claude(Anthropic)は、大量の文書の要約、法律や技術系コンテンツの作成、リサーチの補助に適しています。Jasperは、SEOに最適化されたコンテンツやマーケティングキャンペーンをより速く作成するためのツールで、マーケターや代理店に特に役立ちます。

ビジュアル**AI**ツール

これらのツールは画像、プレゼンテーション、動画サムネイルなどを生成し、コンテンツクリエイター、デザイナー、マーケターに最適です。Midjourneyは、書籍、コース、ポスター、SNS、NFTなどのための美しく詳細なAIアートを作成することができます。Etsyでデザインを販売したり、KDPの書籍カバーを作成したり、デザインサービスを提供することで収益化することも可能です。DALL·E（OpenAI）は、イラスト、アイコン、画像コンセプトを素早く生成するのに役立ちます。CanvaのAIツールは、テキストから画像を生成する機能を使って、スライド、ロゴ、ブランドキットなどを簡単に作成できます。

音声・ナレーションツール

これらのツールは、ポッドキャスト制作者、オーディオブック制作者、コンテンツを再利用したいクリエイター、または声を使ったコンテンツを作りたい人に最適です。ElevenLabsは、どんなテキストでも自然な音声に変換することができ、自分の声をクローンすることも、AIナレーターを使うことも可能です。オーディオブック、コース、広告、ナレーションの制作と販売に活用できます。Play.htは動画やオンラインレッスン用の音声生成に役立ちます。Descriptはテキストベースの編集でポッドキャストや動画の録音・編集ができるツールです。

動画制作ツール

これらのツールを使えば、カメラを使わずに動画コンテンツを制作できます。SynthesiaはYouTube、研修動画、広告、オンラインコースなどのためのAIアバター動画を作成できます。HeyGenはテキストから話す人物動画を作成でき、他言語への翻訳も可能です。PictoryやInvideoは、ブログ記事やスクリプトをTikTok、YouTube Shorts、Instagram Reels向けの魅力的な短い動画に変換することができます。

自動化・生産性ツール

これらのツールは時間を節約し、自動で動くシステムを構築するのに役立ちます。Notion　AIはプロジェクト管理、メモ作成、ビジネスプラン作成、アイデア整理に役立ちます。ZapierはAIツール同士を接続して作業を自動化することができ、例えばフォームから取得したリードをメールやGoogle Sheetsに自動送信することが可能です。Chatbaseは、自分のドキュメントやウェブサイトを学習させたカスタムAIチャットボットを作成するためのツールです。

適切なツールの選び方

これらすべてを使う必要はありません。作りたいものに応じて、1〜2つのツールから始めれば十分です。電子書籍を書くならChatGPTまたはClaude、動画レッスンを作るならSynthesiaまたはInvideo、デジタル商品を販売するならCanva、ChatGPT、Midjourney、オーディオブックを制作するならElevenLabs、チャットボットや自動化を作るならChatbaseとZapierの組み合わせが役立ちます。

最も成功しているクリエイターは、シンプルなワークフローを作り、それを繰り返します。例えば、ChatGPTでコンテンツを書き、それをInvideoで動画に変換し、ElevenLabsでナレーションを作り、YouTube、Etsy、Udemyなどのプラットフォームで販売するという流れです。

まとめ

AIツールはあなたの新しいチームです。これまで以上に速く行動し、低コストでビジネスを構築し、より多くの人にリーチすることを可能にします。すべてを学ぶ必要はありません。自分のスキルや収益目標に合ったツールを選び、それを徹底的に活用することが重要です。次は、これらのツールのうち一つから始めて、人生の経済状況を大きく変えた人物のストーリーを見ていきます。

彼女は疲れ切っていました。ジュリアはスマートフォンを見つめました。時刻は午前2時7分。赤ちゃんは歯が生え始めた痛みで一晩ぐずった後、ようやく眠りについたところでした。キッチンのシンクにはまだ皿が山積みのままです。彼女はただ疲れているだけではなく、行き詰まっていました。元グラフィックデザイナーで、今は専業主婦となったジュリアは、Etsyで手作りのデジタルプリントを販売して生活費を補おうとしていました。しかし、おむつ替えや買い物の合間では、新しい作品を作る時間がほとんどありませんでした。

ある夜、ママ起業家のFacebookグループをスクロールしていると、誰かがMidjourneyというツールについて話していました。それは、シンプルなテキストを入力するだけで美しいアートを作り出すAIでした。半信半疑ながら興味を持ったジュリアはDiscordをダウンロードし、最初のプロンプトを入力しました。「水彩風のベビールーム用動物イラスト — 柔らかいパステルカラー。」表示された画像を見て彼女は驚きました。これまで自分が描いたどの作品よりも美しく、しかも数秒で生成されたのです。その夜、彼女はMidjourneyを使って15点の新しい作品を作りました。翌日、それらを新しいタイトルとタグを付けてEtsyショップにアップロードしました。週末までにデジタル販売で96ドルを稼ぎました。これは前月の売上よりも多い金額でした。

彼女はさらに深くAIの世界に入りました。ChatGPTを見つけ、商品説明やSNSのキャプションを書くのに使いました。次にCanva AIを見つけ、Pinterest用のピンを数分でデザインしました。その後Pictoryを使い、顔出しをせずに短いTikTok動画を作成しました。ストック映像、テキストオーバーレイ、そしてAIナレーションだけです。2週間後、彼女のショップは「たまに売れる」状態から「毎日通知が来る」状態へと変わりました。

夫も信じられませんでした。「このキリンの絵、ロボットが描いたの？」と彼は笑いながら額に入ったプリントを持ち上げて言いました。「違うわ」とジュリアは笑顔で答えました。「私が作ったの。少し手伝ってもらっただけ。」ジュリアはプログラマーではありません。自分をテクノロジーに強い人だと思ったこともありません。ただ試してみたいという気持ちがあっただけです。実験し、娘が昼寝している間にも収入を生み出すものを作りたいと思ったのです。

AIツールを使い始めて最初の1か月の終わりには、彼女には効率的なシステムができていました。ChatGPTで商品アイデアとSEOキーワードを考え、Midjourneyでオリジナル画像を生成し、Canvaで商品バンドルとモックアップを作り、PictoryとElevenLabsでInstagram用の短い動画広告を作りました。以前は何時間もかかっていた作業が、今では数分で完成します。そして売上も増え続けました。96ドルが284ドルになり、その後787ドルになりました。

ジュリアは気づきました。母親であることと経済的自由のどちらかを選ぶ必要はないのだと。AIのおかげで両方を実現できるのです。それ以来、彼女は周りの人にこう言うようになりました。「AIに詳しくなる必要はないの。ただ賢く使えばいいの。」そして彼女の物語は、まだ始まったばかりでした。

第3章：今週から始められるAIでお金を稼ぐ10の実践的な方法

この章の目的は、これまでに学んだ内容を実際の行動に結びつけることです。ここでは、無料または低コストのAIツールを使って、どのように実際の人々が収入源を作っているのかを紹介します。しかも、特別な経験やスキルがなくても始めることができます。ここで紹介する方法は単なる理論ではありません。ChatGPT、Midjourney、ElevenLabsなどのツールを使って、実際に多くの人が収入を得ている現実的で始めやすく、大きな可能性を持つ方法です。それでは、代表的な10の方法を見ていきましょう。

最初の方法は、Etsyでプリント商品やアートを販売することです。MidjourneyやDALL·Eを使ってオリジナルのイラスト、ポスター、塗り絵、ベビールーム用のプリントなどを作成し、デジタルダウンロードとしてEtsyに出品します。例えば、1つのプリントが5ドルで売れ、1日に10個売れれば1日50ドル、月に約1,500ドルになります。一度アップロードすれば、その後はほぼ自動的に売れ続ける可能性があります。

2つ目は、電子書籍やワークブックを作成して販売する方法です。ChatGPTを使って短いハウツーガイドや子ども向けストーリーを書き、Canvaでレイアウトを整え、Amazon KDPやGumroadで販売します。例えば、25ページの電子書籍を9ドルで販売し、月に50冊売れれば450ドルの収入になります。

3つ目は、AIを活用したフリーランスサービスです。ライティング、編集、デザインなどのサービスにAIを取り入れることで、作業スピードを大幅に上げることができます。Jasper、Grammarly、Canvaなどを使えば、より早く成果物を提供できます。例えば1記事100ドルで受注し、AIを使って1日に3記事納品すれば、1日300ドルの収入になります。

4つ目は、顔出しをせずにYouTubeチャンネルを運営する方法です。ChatGPT、Pictory、ElevenLabsを使えば、脚本、音声、動画制作をすべてAIに任せることができます。1つの動画がバズれば、広告収入で100ドルから1,000ドル以上を生み出す可能性があります。動画を50本以上投稿すると、広告収入やアフィリエイトリンクによって月1,000ドルから5,000ドル以上稼ぐ人もいます。

5つ目は、デジタルコースやチュートリアルを販売する方法です。ChatGPTでカリキュラムを作成し、SynthesiaやHeyGenで動画レッスンを作成し、Udemy、Teachable、Kajabiなどで販売します。例えば97ドルのコースが100本売れれば9,700ドルの売上になります。コースは一度作れば長期間販売することができます。

6つ目は、AI音声、オーディオブック、ポッドキャストを作る方法です。ElevenLabsを使えば、テキストを自然なナレーション音声に変換できます。Findaway　Voicesでオーディオブックを販売したり、Fiverrでナレーションサービスを提供することも可能です。例えば30分のナレーションを75ドルで受注し、月に10件こなせば750ドルの収入になります。

7つ目は、AIを使ってブログやアフィリエイトサイトを作る方法です。ChatGPTを使ってブログ記事、商品レビュー、ガイド記事を書き、Amazonアフィリエイト、広告、スポンサーシップで収益化します。アクセスが増えれば、月200ドルから1,000ドル以上の収入を得ることも可能です。

8つ目は、顔出しなしのYouTube　ShortsやInstagramページを育てて販売する方法です。Invideo、CapCut、AIナレーションを使って短い動画コンテンツを作り、チャンネルを成長させて売却するか、アフィリエイトリンクで収益化します。フォロワーが1万人以上いるチャンネルは、2,000ドルから10,000ドル以上で売れることもあります。

9つ目は、AIチャットボットやツールを作る方法です。ChatbaseやManyChatなどのプラットフォームを使って、カスタマーサポートやリード獲得のためのチャットボットを作り、中小企業に提供します。例えば1クライアント月99ドルで契約し、10社と契約すれば毎月990ドルの継続収入になります。

10番目は、AIサービスをまとめて小さなAIエージェンシーを作る方法です。コンテンツ制作、動画制作、ナレーション、自動化などのAIサービスをまとめて提供します。例えば1クライアント月500ドルで10社と契約すれば、月5,000ドルの収入になります。

重要なポイントは、最初からすべての方法を試す必要はないということです。自分の興味や得意分野に合った方法を1つ選び、週末に試してみてください。うまくいき始めたら、AIツールを使って自動化したり外注したりして、さらにスケールさせることができます。

ここでカルロスの話をしましょう。彼は最近解雇されたばかりでした。中規模企業のテクニカルサポートとして5年間働いていましたが、ある日1通のメールで仕事を失いました。「会社は規模を縮小しています。これまでのご貢献に感謝します。」それだけでした。退職金もなく、事前の警告もなく、返却するノートパソコンと「今後もつながっていましょう」という曖昧な言葉だけが残りました。

34歳で、家賃の支払いが迫り、新しい仕事も見つかっていない状況で、彼は強い不安を感じていました。しかし、絶望的なニュースを見続ける代わりに、カルロスはブラウザを開き、「AIでお金を稼ぐ方法」と検索しました。彼はChatGPTの存在は知っていました。友人が、まるで魔法のようにメールを書いてくれるツールだと教えてくれたことがあったのです。しかし、それを収入を得るために使うことは考えたこともありませんでした。その夜、彼の好奇心は強い興味へと変わりました。チュートリアル、Redditの投稿、YouTube動画を見ながら、AIを使ってYouTubeチャンネルを作ったり、本を販売したり、アートを作ったりしている人々の話を次々と知りました。しかも、プログラミングもカメラもデザインスキルも必要ないのです。

翌朝までに、カルロスには計画ができていました。彼は新しいGoogleドキュメントを開き、ChatGPTにこう質問しました。「低コストで始められて、すぐに収益化できる顔出しなしのYouTubeチャンネルのアイデアを10個教えてください。」ChatGPTはすぐに答えました。「トップ10の事実」「インスピレーション名言」「短い伝記」「10代向け人生アドバイス」「メンタルヘルスのヒント」などです。カルロスはその中から「10代向け人生アドバイス」を選びました。彼はChatGPTに、90秒以内の動画スクリプトを5本書くよう依頼しました。わずか10分もかかりませんでした。

その後、Pictory.aiにアクセスし、スクリプトをアップロードして背景動画テーマを選びました。Pictoryは自動的にストック映像、字幕、トランジションを追加し、動画を作成しました。音声にはElevenLabsを使い、落ち着いたナレーターの声を選んでスクリプトを入力しました。こうして彼の最初の動画が完成しました。

彼はその動画を「GlowUp　Talks」という新しいチャンネルに投稿しました。顔出しもなく、AIで作られた60秒の動画で、高校生に仲間からのプレッシャーへの対処法を伝える内容でした。彼はこれを5日間続けました。6日目、1本の動画が4,800回再生を記録しました。コメントが次々と届きました。「とても助かりました」「もっと作ってください。」

カルロスは久しぶりに希望を感じました。1か月以内に同じ方法で30本の動画を投稿しました。ChatGPTでスクリプトを書き、Pictoryで動画を作り、ElevenLabsで音声を付け、Canvaでサムネイルを作りました。顔も出さず、マイクも使っていませんでしたが、21日でチャンネル登録者は1,000人を超えました。4週目にはYouTube Shortsボーナスで314ドルを稼ぎました。さらに、10代向けメンタルヘルスジャーナルや生産性アプリのアフィリエイトリンクを追加し、107ドルの収入を得ました。

彼はまだ大金持ちではありませんでした。しかし、自由を手に入れました。面接に必死に応募する必要もなく、興味を持たれない履歴書を更新し続ける必要もありませんでした。彼は自分自身のプロジェクトを、自分のルールで作り始めていたのです。2つ目のチャンネルはAI生成レシピとMidjourneyの料理画像で作りました。3つ目はAI音声でナレーションしたスポーツのモチベーション名言チャンネルでした。

カルロスは単に解雇から立ち直っただけではありません。それを新しいスタート地点に変えたのです。彼はよくこう言いました。「AIは時間を節約してくれただけじゃない。自分の人生の主導権を取り戻させてくれたんだ。」そしてそれこそが、この章の本当の意味です。AIでお金を稼ぐだけでなく、自分の時間、自由、そして未来を取り戻すためのツールとしてAIを使うことなのです。

第4章:AIを活用した一人ビジネスの構築方法

AIは単にお金を稼ぐのを助けるだけではありません。自動化、委任、デジタルシステムの力を使うことで、一人でビジネス全体を運営することを可能にします。この章では、フリーランスとして働く場合でも、デジタル商品を販売する場合でも、オンラインブランドを構築する場合でも、AIツールを活用して収益性があり拡張可能な一人ビジネスを立ち上げる方法を紹介します。

新しいビジネスモデル:あなた **+ AI =** チーム

以前は、ビジネスを運営するためにはチームが必要でした。ライター、デザイナー、動画編集者、カスタマーサポート担当者、そして技術専門家などです。しかし現在では、月0〜50ドル程度のAIツールを使うことで、これらの役割の多く、あるいはすべてを置き換えることができます。例えば、ライターにはChatGPTやJasper、デザイナーにはCanvaやMidjourney、ナレーターにはElevenLabs、動画編集にはInvideoやPictory、管理業務にはNotion　AIやZapier、販売やサポートにはChatbaseやManyChatといったツールを活用できます。

シンプルなビジネスモデルを選ぶ

まずはリスクが低く、AIと相性の良いビジネスモデルを1つ選びましょう。例えば、電子書籍、オンラインコース、テンプレート、アート作品、ガイド、プランナーなどを作成して販売するデジタル商品ビジネスがあります。また、コンテンツ制作、デザイン、SEO、動画編集、自動化設定などを提供するフリーランスサービスもあります。さらに、ニッチなサイトやYouTubeチャンネルを作り、アフィリエイトリンクで商品を紹介するアフィリエイトマーケティングや、AIを使ってYouTube、TikTok、Instagramのコンテンツを作り、収益化するコンテンツビジネスもあります。

週末でビジネスを立ち上げる計画

1つの週末でも、ビジネスの基盤を作ることができます。1日目はブランドと商品を決めます。ChatGPTを使ってビジネス名を考え、Canvaでロゴを作り、自分が販売または紹介する商品やサービスを決定します。2日目はビジネス資産を作ります。AIを使って商品、コンテンツ、サービス用テンプレートを作成し、Carrd、Systeme.io、Gumroadなどでシンプルなウェブサイトやランディングページを作ります。また、PictoryやCanvaを使って3～5件のSNS投稿や動画も作成します。3日目は公開と収益化です。商品をGumroadやEtsyにアップロードし、SNSやYouTubeにコンテンツを投稿し、必要に応じてアフィリエイトリンクを追加します。ZapierやChatbaseを使えば、サポートや商品の配信を自動化することもできます。これで従業員ゼロのビジネスが完成します。

AIで自動化し、ビジネスを拡大する

最初の100ドルから500ドルを稼げるようになったら、次のステップに進みます。MailerLiteやSysteme.ioを使ってメール配信を自動化し、Chatbaseでよくある質問に対応するAIチャットボットを作ります。Zapierを使えば、リードや売上データをGoogle　Sheetsに自動

送信できます。また、AIを使えば1つのコンテンツをテキスト、画像、音声、動画、ブログ記事など複数の形式に再利用することも可能です。

よくある失敗

すべてを手作業でやろうとすることは避けましょう。AIに80%の繰り返し作業を任せるべきです。また、ツールを追いかけすぎるのもよくありません。毎日使う2〜3個の主要ツールに集中しましょう。商品やサービスを複雑にしすぎるのも問題です。シンプルで拡張可能な内容にすることが大切です。そして、商品を検証せずに進めてしまうことも避けましょう。AIを使えばMVP（最小実行可能商品）を素早く作り、実際のフィードバックを得ることができます。

まとめ：あなたが**CEO**で、**AI**がスタッフ

AIを活用したビジネスでは、あなたが主導権を握ります。時間をお金に変える働き方を続ける必要はなく、誰かに雇われるのを待つ必要もありません。あなたは24時間稼働する収入の仕組みを作ることができます。しかも眠っている間でもです。ビジネスを拡大するために従業員を増やす必要はありません。自動化とツールを活用すればよいのです。そして最大の利点は、これを副業として、スマートフォン1台で、投資家やオフィスなしでも始められることです。

次に紹介するストーリーでは、ノートパソコンといくつかのAIツール、そして週末の大胆な決断だけでフルタイムの収入を築いた人物を紹介します。

ターニャは6年以上、一般的な仕事をしていませんでした。働きたくなかったわけではありません。人生に別の計画があったのです。彼女は若年性アルツハイマー病と闘う母親のフルタイムの介護者でした。薬の管理、食事、病院の通院などで、彼女の生活には9時から5時までの勤務時間や規則的なスケジュールは存在しませんでした。しかし、静かな時間が少しだけありました。そしてそれだけで十分だったのです。

ある静かな時間、YouTubeを見ていると「AIを使って一人で月1万ドルのビジネスを運営する方法」という動画が表示されました。彼女は最初、スキップしようとしました。しかし、サムネイルの女性がソファに座り、ノートパソコンだけで働いている姿にどこか共感を覚えました。オフィスも従業員もいません。ターニャはその動画をクリックしました。

その動画は、彼女の知らなかった世界への扉を開きました。ChatGPT、Canva、Gumroadのようなツールを使って、チェックリスト、ジャーナル、ガイドなどのデジタル商品を作る方法が紹介されていました。AIはテクノロジー業界の人だけのものではなく、母親、介護者、クリエイターのためのツールでもあるということを知りました。

ターニャは試してみることにしました。その週末、彼女はChatGPTにこう質問しました。「介護者向けのデジタル商品アイデアを10個教えてください。」するとすぐに答えが返ってきました。食事計画ガイド、薬の管理トラッカー、アルツハイマーケアジャーナル、毎日のチェックインテンプレート、感情サポートログブックなどです。彼女はその中から3つを選び、ChatGPTに構成案を作ってもらいました。その後Canvaを開き、ジャーナルテンプレートを選んで編集を始めました。24時間以内に「デイリーディメンシアケアジャーナル」という25ページのデジタルジャーナルを完成させました。チェックボックス、質問項目、メモスペースも含まれていました。

彼女はそれをGumroadにアップロードし、価格を12ドルに設定し、介護者向けのFacebookサポートグループにリンクを投稿しました。その夜、最初の売上が発生しました。

その後の1か月で、ターニャはAIを使って複数のデジタル商品を作りました。週ごとのケアプランナー、印刷可能な緊急連絡先シート、介護者向けセルフケアチェックリストなどです。ChatGPTで文章を書き、Canvaでデザインし、MailerLiteで無料ダウンロードを受け取った人向けの自動メールを設定しました。商品、ランディングページ、メールのすべてを一人で作り上げたのです。

結果はどうだったでしょうか。1か月目の売上は207ドル。2か月目は641ドル。3か月目には1,226ドルになりました。さらに重要だったのは柔軟性でした。母親が眠っている間や夜遅くに作業することができました。締め切りに追われることも、上司に指示されることもありません。彼女は自分の条件でビジネスを築いていました。

カスタマーサポートを自動化するために、彼女はChatbaseを導入し、よくある質問や商品説明を学習させました。Zapierを使って売上が発生するとGoogle Sheetsが自動更新されるようにしました。小さなビジネスでしたが、多くのチームを持つ会社よりもスムーズに運営されていました。

人々は彼女に尋ねました。「あなたのチームは誰？」ターニャは笑って答えました。「私だけよ……それと、5人くらいのロボットね。」

彼女の物語は億万長者になることではありませんでした。それは自由を取り戻すことでした。彼女はもう閉じ込められているとは感じませんでした。AIは単なるツールではなく、時間、尊厳、そして希望を与えてくれたのです。

第5章：$0から$1,000へ ― 最初のAI収入プラン

最初のAI収入を得るのに、何か月もかかる必要はありません。この章では、AIツールとこれまで紹介してきた戦略を使い、ゼロから最初の1,000ドルを稼ぐための7日間の行動プランを紹介します。完全な初心者であっても、すでに少しAIを触ったことがある人でも、このロードマップを使えば素早く行動し、集中し、実際の収入につなげることができます。

1日目：AIビジネスモデルを選ぶ

まずは、自分の時間、スキル、興味に合ったビジネスモデルを1つ選びます。例えば、電子書籍、プリント素材、AIアート、テンプレートなどを販売するデジタル商品ビジネス。YouTube Shorts、Instagram Reels、ブログなどで収益化するコンテンツビジネス。そして、AIを使ったライティング、編集、動画制作などを提供するフリーランスサービスです。考えすぎず、1つ選んで次の7日間それに集中しましょう。

2日目：ニッチを決める

ChatGPTを使ってテーマを絞り込みます。例えば、「教師向けの収益性の高いデジタル商品アイデアを10個教えてください」「フィットネス好きの人向けのアイデアを10個教えてください」といった質問をします。自分が興味を持てる分野や知識のある分野を選ぶと、より早く行動でき、良い結果を生みやすくなります。

3日目:最初の商品またはコンテンツを作る

ここで実際に制作を始めます。ChatGPTで構成と文章を作り、Canvaでリードマグネット、商品、電子書籍などをデザインします。MidjourneyやPictoryで画像や動画を作成し、ElevenLabsでナレーションや音声を作ることもできます。例えば、忙しい会社員向けの10ページの食事プランナー、AIナレーション付きの10代向けモチベーション動画、毎日のライティングプロンプトをまとめたミニ電子書籍などです。完璧を目指す必要はありません。まずは完成させることが重要です。

4日目:販売システムを作る

商品やサービスを販売する場所を準備します。デジタル商品ならGumroad、プリント素材やAIアートならEtsy、動画コンテンツならYouTubeやInstagram、フリーランスサービスならUpworkやFiverrなどが利用できます。商品ページやサービスページを作り、支払い方法を設定し、価格は5ドルから50ドル程度でスタートします。そして商品をアップロードするか、最初の動画を公開します。

5日目:無料でプロモーションする

広告を使わなくても、多くの人に見てもらう方法があります。ニッチに関連するFacebookグループでシェアしたり、PinterestやRedditに投稿したり、PictoryとElevenLabsで30秒の紹介動画を作ることもできます。また、自分のコンテンツが役立ちそうな人にダイレクトメッセージを送ることもできます。ChatGPTに投稿用キャプションやアイデアを書いてもらうと効率的です。この段階では完璧さよりも投稿数が重要です。

6日目：自動化とフォローアップ

AIを使ったシンプルな自動化を設定します。MailerLiteを使えば無料ダウンロードの配布や有料商品の案内を自動化できます。Zapierを使えば売上やリード情報をスプレッドシートに自動記録できます。Chatbaseを使えばサイトのよくある質問への対応を自動化できます。まだ売上が少なくても、早い段階で仕組みを作ることが重要です。

7日目：改善し、繰り返し、拡大する

最後に結果を分析します。クリック数、再生数、売上がどこから来たのかを確認します。うまくいったこと、うまくいかなかったことを整理し、ChatGPTに改善方法を相談することもできます。そして2つ目の商品やコンテンツを作り、勢いを作ります。この方法を使えば、1週間で100ドルから500ドルを稼ぐ人も多くいます。そこから1,000ドル以上に拡大するには、同じニッチで複数の商品を作ること、コンテンツを複数のプラットフォームで再利用すること、商品をバンドルにしてアップセルすることが効果的です。

この章で覚えておいてほしいのは、AIで最初の1,000ドルを稼ぐのに最も重要なのは「一番賢いこと」ではないということです。重要なのは、始めること、公開すること、そしてシンプルにすることです。完璧なビジネスを作る必要はありません。AIを使って1つの問題を解

決するシンプルな商品を作ればよいのです。必要なツールはすでにあなたの手の中にあります。

次に紹介するのは、まさにその方法で人生を変えた人物のストーリーです。

レナの銀行口座には64ドルしか残っていませんでした。彼女は歯科医院で2年間働いた後、過酷な労働と低賃金に疲れ、仕事を辞めたばかりでした。貯金もなく、将来の保証もありません。ただ一つ、「自分の人生を自分でコントロールできる何かを作る」という静かな決意だけがありました。

その夜、彼女はTikTokである動画を見ました。「AIを使えば24時間でデジタル商品を作って販売できる。ChatGPTとCanvaから始めて、Gumroadにアップロードするだけ。」本当にそんなに簡単なのでしょうか。レナにはビジネス経験も、SNSのフォロワーもありませんでした。しかし、ノートパソコンとカフェの無料Wi-Fi、そして強い意欲だけはありました。

彼女はChatGPTを開き、こう入力しました。「整理整頓をしたい人向けのデジタル商品アイデアを10個教えてください。」AIはすぐに答えました。デイリープランナー、食事準備ガイド、家計トラッカー、掃除チェックリスト、セルフケアルーティンなどです。その中で、セルフケアというアイデアが彼女の目に止まりました。彼女はいつも「整理整頓が得意な友達」として、ルーティンやリスト、ムードボードで周りの人を助けてきました。それを商品にしてみてはどうだろうと考えました。

彼女はChatGPTに、時間ブロック、アファメーション、毎日の健康タスクを含む週間セルフケアチェックリストを作ってもらいました。そしてその内容をCanvaに貼り付け、ミニマルなパステルテンプレートを選び、アイコンを追加し、3時間以内に10ページのPDFを完成させました。タイトルは「7-Day Self-Care Reset Journal」です。

彼女はそれをGumroadにアップロードし、価格を9ドルに設定しました。そして女性のメンタルヘルスや自己成長に関するFacebookグループ3つにリンクを投稿しました。広告もなく、立派なウェブサイトもありません。最初の日は売上ゼロ。2日目もゼロでした。しかし3日目の朝、PayPalの通知が届きました。「Sarah P.から9ドルを受け取りました。」レナは思わず涙が出そうになりました。

その小さな通知は、大きな意味を持っていました。それは、自分が価値を作り出し、それに対して報酬を得ることができるという証拠だったのです。上司も、タイムカードも必要ありません。

1週間の終わりまでに、彼女はさらに2つのジャーナルを作りました。食事プランナーと生産性トラッカーです。MailerLiteを設定し、無料ダウンロードと引き換えにメールアドレスを集める仕組みも作りました。Instagramには毎日投稿を行い、CanvaとChatGPTで作った名言画像を投稿しました。最初の週の売上は93ドルでした。3週目には合計売上が1,000ドルを超えました。

レナが売っていたのは単なるチェックリストではありませんでした。彼女は安心感を売っていたのです。まず自分自身の安心感を。そしてそれを他の人にも届けていました。

その後、彼女のビジネスはさらに成長しました。ElevenLabsで音声ガイド付き瞑想を追加し、Pictoryで短いReels動画を作り、印刷可能な商品をまとめたバンドルを作って自動販売できるようにしました。彼女は今でも時々カフェで働きます。ヘッドフォンをつけ、ラテを飲みながら。

そして誰かに「仕事は何をしているの？」と聞かれると、彼女は笑ってこう答えます。「AIでデジタルの魔法を作っているの。」それは単なるビジネスでも、副業でもありませんでした。彼女が作ったのは、自分らしい人生そのものだったのです。

第6章：すべてを自動化し、AIにビジネスを任せる方法

AIの本当の力は、単にコンテンツを作ることではありません。本当の強みは自動化にあります。この章では、シンプルで賢いシステムを構築し、AIを活用したビジネスが自動的に動く仕組みを作る方法を紹介します。リードの収集、商品の配信、コンテンツ投稿、顧客からの質問対応などを、あなたが手を動かさなくても自動で行えるようにするのです。

AI自動化とは何か

AI自動化とは、ソフトウェアツール、ロジック、そしてAIを組み合わせて、繰り返し作業をバックグラウンドで自動的に処理する仕組みです。例えば、顧客が商品を購入した後に自動でお礼メールを送信すること、デジタル商品を24時間いつでも自動配信すること、1つの動画を複数の形式に再利用すること、チャットボットを使ってビジネスに関するよくある質問に答えることなどです。これらの作業は、もはや人が手作業で行う必要はありません。AIの方がより速く、より正確に、そして低コストで処理できます。

使用する主なツール

初心者でも使いやすく、強力な自動化ツールには次のようなものがあります。MailerLiteやSysteme.ioは、ウェルカムメールや商品リンク、ニュースレターなどのメール配信を自動化します。ZapierやMakeはアプリ同士を接続し、「売上が発生したらスプレッドシートを

更新する」といった作業を自動化します。ChatbaseやManyChatはAIチャットボットとして24時間顧客の質問に答えることができます。Repurpose.ioやPictoryはコンテンツを自動投稿したり、複数のプラットフォーム用にサイズを変更したりできます。Tally.soやCalendlyはミーティングの予約や登録フォームの管理を自動化します。

最初に自動化すべきこと

まずは効果が高く、簡単に導入できる自動化から始めましょう。例えば、GumroadやEtsyで商品が購入された瞬間に自動で商品を配信する仕組みです。これにより、メールでリンクを送る必要がなくなります。また、MailerLiteを使ってメールアドレスと引き換えに無料デジタル商品を配布する「リードマグネット」を作ることも効果的です。さらに、3日間のウェルカムメールシリーズを作り、読者に価値ある情報を提供しながら信頼関係を築き、最後に有料商品を紹介することもできます。また、1つのAI動画を複数のコンテンツに再利用することも可能です。例えば、YouTube Shorts、Instagram Reels、TikTok、Pinterestピン、そしてChatGPTで作ったブログ記事などです。

最初の**Zap**を作る方法（例）

例えば、新しい顧客の名前とメールアドレスをGoogle Sheetsに自動追加したい場合です。まずZapier.comにアクセスし、新しい「Zap」を作成します。トリガーを「Gumroadで新しい売上が発生したとき」に設定し、アクションを「Google Sheetsに新しい行を追加」に設定します。アカウントを接続すれば完了です。これで売上データがリアルタイムで自動記録されます。

自動化は消えるためではなく、拡大するため

自動化は、完全に仕事から離れるためのものではありません。あなたの時間をより価値の高い仕事に使うためのものです。例えば、新しい商品を作ること、より魅力的なオファーを作ること、広告をテストすること、他のクリエイターとコラボレーションすることなどです。あなたはビジネスの中で働くのではなく、ビジネスの上に立って経営する立場になります。たとえ今の収入が月500ドルであっても、自動化によって500ドル分の時間を消費せずに済むようになります。

まとめ：あなたがいなくても動く仕組みを作る

AIを活用すれば、バーチャルアシスタントやチームを雇う必要はありません。AIそのものがチームになります。毎週1つずつ自動化を追加していけば、1か月後にはあなたのビジネスは次のことを自動で行えるようになります。リードを集めること、商品を配信すること、顧客にフォローアップすること、コンテンツを投稿すること、質問に答えること。これらすべてを、あなたが作業しなくても実行できます。

次のストーリーでは、圧倒されていた一人起業家が、自動化を使ってビジネスを大きく変え、「AI　CEO」と呼ばれるようになった人物を紹介します。

ラヴィは燃え尽きていました。彼は起業家向けのNotionテンプレートというデジタル商品を発売し、最初の週に27件の売上を記録しま

した。1つ17ドルで販売していたため、オンラインでこれまでにない収入を得ることができました。しかし2週目になると、状況は一変しました。注文が入るたびに、ダウンロードリンクを手動で送信し、同じ質問に何度もメールで答え、領収書を送信し、トラフィックを維持するためにSNSに投稿し、売上を管理するためにスプレッドシートを更新しなければなりませんでした。商品は確かにお金を生んでいましたが、同時に新しい仕事も作ってしまったのです。しかも彼にはすでに本業がありました。

ラヴィはすぐに助けが必要でした。友人がZapierを紹介してくれたことで、すべてが変わりました。わずか半日で、彼はGumroadを使った商品の自動配信、MailerLiteによるお礼メールとボーナスチェックリストの送信、顧客情報をGoogle Sheetsに自動追加する仕組み、そして将来のアップセルキャンペーンのためのタグ付けを学びました。一度設定するだけで、無限に時間を節約できるようになったのです。

その後、彼はChatbaseを見つけました。顧客からよく聞かれる質問と回答をまとめたPDFをアップロードすると、AIチャットボットがそれを学習しました。「テンプレートをコピーするにはどうすればいい？」「スマートフォンでも使えますか？」といった質問に、チャットボットが自動で答えてくれるようになりました。深夜のサポートメールに対応する必要はもうありません。

次に彼が取り組んだのはSNSでした。Pictoryを使って1つのブログ記事を5つの短い動画に変換し、Repurpose.ioを使ってTikTok、

Instagram、Facebook、YouTube、LinkedInに自動投稿しました。彼はアプリを開くことさえほとんどなくなりました。

数週間後、ラヴィのビジネスは完全に変わりました。商品は自動的に売れ、メールは自動で送信され、顧客対応はボットが行い、コンテンツは自動で再利用されて拡散されていました。その間、彼は次のアイデアに取り組んでいました。彼はこの仕組みを「デジタル委任」と呼びました。それによって、作業者からオーナーへと役割を変えることができたのです。

ラヴィはもはや終わりのない作業の中で走り続けている感覚はありませんでした。AIを使って、自動で動くシステムを作り上げたのです。今では誰かに「何をしているの？」と聞かれると、彼はこう答えます。「僕は、自分がいなくても動くビジネスを作っている。」それが彼の新しい目標になりました。単に収入を得ることではなく、自由を生み出す自動化された収入システムを作ることです。

彼は1つのNotionテンプレートと、週末に試したAIツールから始めました。今では、パジャマのままコーヒーを飲みながらStripeの売上通知を確認して目を覚まします。そして何より素晴らしいことは、これまで一度も誰かを雇う必要がなかったということです。

第7章：AIを活用して時間とともに増え続けるパッシブ収入を作る方法

パッシブ収入とは、一度行った作業から継続的に収入を得ることを意味します。AIを使えば、パッシブ収入を作ることは可能なだけでなく、これまで以上に速く、シンプルで、誰でも始めやすくなっています。この章では、一度作ったものが一度きりの収益ではなく、毎月継続的に収益を生み出すAIを活用した収入源をどのように構築するかを説明します。しかも、その多くはほとんど追加の作業なしで続けることができます。

最初のステップは、時間をお金に変える考え方から、デジタル資産を作る考え方へとシフトすることです。電子書籍、オンラインコース、プリント素材、テンプレート、顔出しなしのYouTubeチャンネル、AI生成アートなどのデジタル資産は、AIツールを使えば短時間で作成でき、何度も販売することができます。Amazon KDP、Gumroad、Etsy、YouTube、Udemyのようなプラットフォームを使えば、自分のウェブサイトや大きなフォロワーを持っていなくても始めることができます。これらのプラットフォームには、すでにChatGPT、Midjourney、Canva、ElevenLabsなどで作れる商品を探している購入者が集まっているからです。

いくつかの例を見てみましょう。ChatGPTで書いた25ページの電子書籍をAmazon KDPにアップロードし、9.99ドルで販売することができます。もし月に100冊売れれば、それだけで999ドルのパッシブ収入になります。Canvaで作ったプリント可能なプランナーはEtsyに掲載でき、無制限にダウンロードされます。SynthesiaやHeyGenで作成したデジタルコースはUdemyに公開すれば、あなたが眠っている間にも受講者を集め続けます。ElevenLabsでナレーションしたオーディオブックはFindaway Voicesを通じて世界中に配信され、ロイヤリティ収入を生み出します。

重要なのは、これらのデジタル資産がスケーラブルであることです。10個売れても、10,000個売れても、あなたの時間やコストはほとんど変わりません。これがデジタル商品とAIの大きな力です。在庫、配送、従業員がなくても、世界中の市場にすぐに届けることができます。この仕組みを成功させるには、1つの明確な問題を解決する商品を作ることに集中することです。例えば、新しい親が子どもの睡眠スケジュールを管理するのを助けるガイドを作れば、それが役立つ限り、人々は他の人にも勧めてくれます。AIは、その内容の執筆、レイアウト、音声化、表紙デザインまで手伝ってくれます。一度作れば、長期間収益を生み出す可能性があります。

ただし、本当のパッシブ収入とは「何もしない」ことではありません。一度作った後に、それを継続的に販売し、届ける仕組みを作ることです。そこで役立つのがZapier、MailerLite、Chatbase、Repurpose.ioなどの自動化ツールです。これらを使えば、古い商品が収益を生み続けている間に、新しい資産を作ることができます。時間が経つにつれて、こうした小さな収入源が積み重なります。電子書籍1冊、コース1つ、YouTubeチャンネル1つというように増えていき、やがてデジタル収入ポートフォリオとなり、複利のように成長していきます。

1つの商品で大金を稼ごうとする必要はありません。代わりに、月200ドルから1,000ドルを生み出すAI資産を5〜10個作ることを目標にしましょう。KDPの本、Etsyのプリント素材、AIアートのバンドル、顔出しなしの動画コンテンツなどを組み合わせることができます。新しい資産を追加するたびに、作業時間を増やさずに収入が増えていきます。多くの人が副業からフルタイム収入に変わるのは、この方法です。デジタルシステムとAIツールが時間とともに大きな役割を果たしてくれます。

次のストーリーでは、副業からセミリタイアに近い生活へと変わった人物を紹介します。彼はAIを使ったパッシブ収入の仕組みを作り上げることで、それを実現しました。

マイケルは、オンライン起業家になるつもりはありませんでした。彼は52歳の高校の理科教師で、20年以上教壇に立っていました。長い通勤と忙しい日々の中で、彼が本当に望んでいたのは時間でした。本を読む時間、旅行する時間、そしてゆっくり呼吸できる時間です。彼にはITの経験もオンラインのフォロワーもほとんどなく、自由な時間も多くありませんでした。しかしある日、教師向けの研修で「教育における新しいテクノロジー」というテーマの講義を聞いたとき、講師が何気なくChatGPTについて話しました。「これを使えば、5分で授業カリキュラムを作れます。」その言葉にマイケルは興味を持ちました。

その夜、彼の好奇心は行動に変わりました。マイケルはChatGPTに「生態系についての授業計画を作ってください」と依頼しました。すると、活動内容、語彙リスト、ディスカッションの質問を含む詳細な計画が数秒で表示されました。彼はさらにいくつかの質問を試しました。そして考えました。「もし授業が作れるなら、他には何ができるだろう？」

その週末、彼はChatGPT、Canva、そして無料のGumroadアカウントを使って実験しました。日曜日の夜までに、彼は1つのデジタル商品を作りました。中学生向けの「30日間サイエンス学習ジャーナル」です。価格は9ドルに設定し、Gumroadにアップロードし、ホームスクーリングの親が集まるFacebookグループに投稿しました。

驚いたことに、24時間以内に3冊売れました。合計27ドルでした。大きな金額ではありませんでしたが、確かな収入でした。ノートパソコンとアイデアだけで作った商品が売れたのです。励まされたマイケルは、次に天気の授業ユニットプランナーを作りました。ワークシートや解答付きで、これもChatGPTとCanvaで作成しました。今回はPictoryで短い紹介動画を作り、新しく作ったYouTubeチャンネルに投稿しました。そして動画の説明欄にアフィリエイトリンクを追加し、ホームスクールの親が集まるRedditに投稿しました。

売上は少しずつ増えていきました。そこでマイケルは自動化を導入しました。MailerLiteを使って、メールアドレスと引き換えに無料の天気ワークシートを提供し、その後3日間のメールで商品バンドルを紹介する仕組みを作りました。新しい登録者は自動的に潜在顧客になります。Zapierを使って売上をGoogle Sheetsに記録し、Chatbaseで商品に関する質問に答えるチャットボットも作りました。

こうして彼の小さなシステムは少しずつ連携し始めました。週末に一度作った商品が、その後何か月も収益を生み続けるようになったのです。

自信がつくにつれて、彼のデジタル資産も増えていきました。Synthesiaのアバターを使って地球科学のミニコースを作り、クイズや動画解説を追加しました。ElevenLabsで「30日間サイエンスチャレンジ」というオーディオブックをナレーションし、Findaway Voicesに公開しました。彼は誰も雇いませんでした。自分で撮影もしませんでした。マイクに向かって話すこともありませんでした。しかし彼のコンテンツは、さまざまな場所で自動的に動き続けました。

1年の終わりには、マイケルはGumroad、Etsy、Udemy、KDPで合計14のデジタル商品を持っていました。それぞれ月50ドルから400ドルほどの収入を生み出していました。どれも爆発的なヒットではありませんでしたが、合計すると月3,800ドル以上になりました。これは彼の教師としての給与よりも多い金額でした。彼は初めて、貯金や年金ではなく、自宅から作ったデジタルシステムによって早期リタイアの可能性を感じました。

人々が「どうやってそんな時間を見つけたの？」と聞くと、マイケルは笑ってこう答えました。「私じゃない。AIがやっているんだ。」彼は本当の秘密を見つけていました。一度作り、自動化し、そして次へ進むことです。

今では、彼は朝ポーチで本を読みながら過ごします。スマートフォンには新しい注文やダウンロードの通知が静かに届きます。彼のビジネスは、彼が休んでいる間も動き続けます。そして新しい商品を1つ追加するたびに、時間が増えるわけではありません。自由が増えるのです。

マイケルにとって、AIは単なるツールではありませんでした。新しい未来でした。ストレスが少なく、自由な時間が増え、働いていないときでも収入が止まらない未来です。パッシブ収入はもはや夢ではありません。それが彼の日常になったのです。

第8章：AIを使ってデジタル商品を作り、世界中で販売する方法

デジタル商品は、世界で最も拡張性が高く、始めやすく、収益性の高いビジネスモデルの一つであり、AIによってそれらを世界中で作成・販売することがこれまで以上に簡単になりました。物理的な商品とは異なり、デジタル商品には配送コストも在庫もなく、販売回数に制限もありません。電子書籍、オンラインコース、デザインバンドル、プリント素材、さらにはAIで生成したナレーションなど、どんなデジタル商品でも、世界中の誰にでも、いつでも販売することができます。24時間365日、インターネット上で自動的に販売することが可能です。

人工知能は、かつて人々がデジタルクリエイターになることを妨げていたほとんどすべての障壁を取り除きました。文章を書くのが苦手でも、ChatGPTが原稿、ハウツーガイド、メールテンプレート、スクリプトなどを作成するのを手伝ってくれます。デザインの経験がなくても、CanvaやMidjourneyを使えば、美しい画像、表紙、プリント素材を数分で作ることができます。カメラの前に立つのが苦手でも、SynthesiaやHeyGenのようなツールを使えば、人間のように話すアバター動画を作ることができます。ナレーションが必要なら、ElevenLabsがさまざまな言語やアクセントで自然な音声を生成してくれます。さらに、DeepLやChatGPTなどのAI翻訳ツールを使えば、コンテンツを複数の言語に翻訳し、瞬時に世界中の市場へ届けることができます。

始めるには、まず自分が届けたいニッチや対象となる人々を選びます。それは自分がよく知っている分野でも、興味のある分野でも構いません。ChatGPTを使えば、商品アイデアを考えたり、コンテンツの構成を作ったり、価値を高める機能をブレインストーミングすることができます。例えば、家計管理プランナーを作りたいとします。ChatGPTに30日間の財務目標トラッカーの構成を作ってもらい、それをCanvaでテンプレートとしてデザインし、PDFとして書き出してEtsyやGumroadにアップロードします。わずか数時間で、文章を一から書くことなく販売可能な商品を完成させることができます。

商品が公開されると、世界的なプラットフォームが販売をサポートしてくれます。Amazon KDPでは世界中の読者にアクセスできます。Etsyには世界各国の購入者がいます。Gumroadでは複数の通貨で支払いを受け取ることができます。UdemyやTeachableではオンラインコースを世界中に提供できますし、YouTubeではあらゆる大陸の視聴者にコンテンツを届けることができます。AIを使えば、メッセージのローカライズ、字幕の翻訳、文化に合わせたビジュアルの調整なども簡単に行えます。翻訳者やデザイナーを雇う必要はありません。

さらに強力な方法として、商品を複数の形式にまとめて販売することがあります。例えば、ChatGPTで短いガイドを書き、ElevenLabsでオーディオブックにし、Canvaでスライドに変換して、そのすべてを「アルティメットツールキット」として販売することができます。それぞれを単体商品として販売することも、まとめて高価なパッケージとして販売することもできます。こうすることで、平均注文額を上げるだけでなく、同じコンテンツから複数の収益源を作ることができます。

世界中でデジタル商品を成功させる秘訣は、完璧さではなく、再現性と価値です。世界中の人が抱えている小さな問題を一つ解決することに集中し、その解決策をAIを使ってできるだけ多くの形式で提供します。そしてMailerLite、Zapier、Repurpose.ioなどのツールで販売やプロモーションを自動化すれば、眠っている間でもアクセスと売上が増え続けます。

次のストーリーでは、AIを使って世界中で販売できるデジタル商品を作り、多言語で数千人の顧客に届けることに成功したクリエイターを紹介します。しかも彼女にはチームもオフィスも、テクノロジーの専門知識もありませんでした。

イザベラは昔から何かを作ることが好きでした。サンパウロで言語教師として働いていた彼女は、人が学ぶことを助けるのが大好きでした。しかし、二人の息子を育てるために教職を離れてから数年が経っていました。正式なビジネス経験もなく、技術的なスキルも限られていたため、自分を起業家だと思ったことはありませんでした。しかし、景気の悪化で家計が苦しくなり、自宅で収入を得る方法をインターネットで探し始めました。ある夜、彼女は人生を変えるYouTube動画を見つけました。その動画では、ChatGPT、Canva、Etsyを使って英語のプリントジャーナルを作り、販売している人々が紹介されていました。しかもデザイン経験は不要だと言います。彼女は思いました。「ポルトガル語でもできるのでは？」

翌朝、彼女は無料のChatGPTアカウントを開き、ポルトガル語で質問を入力しました。AIはすぐに、毎日の質問やインスピレーションの言葉を含む感謝ジャーナルの構成を作りました。イザベラは驚きました。彼女はその文章をCanvaにコピーし、柔らかく女性らしいテンプレートを選び、少しアレンジして30日間の感謝ジャーナルを完成させました。そしてPDFをEtsyにアップロードし、Gumroadを使ってブラジル向けの支払い方法も設定しました。さらに、地元のFacebookグループやWhatsAppコミュニティで商品をシェアしました。

驚いたことに、売上はすぐに発生しました。わずか2日で10冊のジャーナルが売れ、彼女が家庭教師としてパートで稼いでいた金額よりも多くなりました。励まされた彼女は、ChatGPTを使ってその内容をスペイン語と英語に翻訳し、DeepLで表現を調整して文化に合うように改善しました。それぞれの言語ごとに別の商品ページを作り、色やデザインを少し変えて、それぞれの市場に合わせました。

やがて彼女のジャーナルは、アメリカ、メキシコ、ポルトガル、さらにはフランスでも売れるようになりました。世界中からの需要に彼女自身が驚きました。ElevenLabsを使って英語とポルトガル語の音声版ジャーナルを作り、プリント版とセットにして「マインドフルネスキット」としてGumroadで販売しました。最初の1か月で、5大陸の顧客がその商品をダウンロードしました。

イザベラはすぐに、自分が強力な仕組みを作ったことに気づきました。実際の感情的なニーズを満たすデジタル商品と、継続的な作業をほとんど必要としないAIツールです。MailerLiteを使ってフォローアップメールを自動送信し、新しいアファメーションや割引を届けました。Zapierで国際的な売上を追跡しました。Pictoryで落ち着いた音楽と日々の言葉を使った短い動画を作り、3つの言語で翻訳してMeta Business Suiteで自動投稿しました。彼女は一度も動画を撮影したり、カメラの前で話したりしていませんでしたが、SNSの存在感はどんどん広がりました。

3か月以内に、イザベラは十数種類のデジタル商品を作りました。自己愛ガイド、語学学習ワークシート、アファメーションカードなどです。すべてAIを使って作成されました。最も売れた商品は、3言語対応の「Morning Mindset」プリントセットで、30日間で約300冊売れました。かつて自分の商品を誰かが買うのか疑問に思っていた彼女が、今では40か国以上の顧客に商品を届けていたのです。しかも一度も商品を発送することなく。

振り返ったとき、最も驚いたのはお金を稼げたことではありませんでした。ツールがすべての人に平等な機会を与えてくれたことでした。大きな資金も、マーケティングの学位も、完璧な英語力も必要ありませんでした。AIは彼女のアイデアを世界に届ける力を与えてくれたのです。サンパウロの小さなアパートから、ノートパソコンと無料のAIツールだけで、イザベラは世界中に顧客を持つデジタル商品起業家になりました。

彼女は今、自分が学んだことを息子たちにも教えています。自分の言語で、自分の声で価値あるものを作り、それを世界と共有できるということを。彼女にとってデジタル商品は単なる収入源ではありませんでした。それは橋でした。地域から世界へつながる橋。経済的な不安から自由へとつながる橋。そして、アイデアを現実の影響力へと変える橋だったのです。

第9章：カメラに映らずにAIを活用したブランドを構築する方法

You don't need to be on camera to build a powerful, profitable brand. Thanks to AI, it's now easier than ever to create faceless content that builds authority, grows an audience, and earns income across platforms without ever showing your face, speaking into a microphone, or hiring a team.

The fear of being on camera is one of the biggest reasons people avoid starting content-based businesses. However, many of the most successful creators online today remain completely anonymous. Some rely on voiceovers, others use text-based storytelling, and many build entire brands using AI avatars, faceless animations, or visuals generated with tools like Midjourney, Canva, or Pictory. Your brand is not your face. It is your message, your style, and your consistency. AI simply helps you package and distribute that message more efficiently.

To build a faceless brand, begin by defining your niche and style. ChatGPT can help you brainstorm content ideas, brand tone, and even potential brand names. For example, if you want to build a motivational brand for young professionals, you can ask ChatGPT to suggest a name, write a slogan, and generate dozens of video script ideas. After that, tools like

Canva or Midjourney can help you design logos, social banners, and quote graphics. With platforms such as Pictory or Invideo, written scripts can easily be turned into short videos using stock footage, background music, and AI-generated voiceovers without requiring any filming or editing experience.

Short-form content is one of the most effective strategies for faceless creators. Platforms like YouTube Shorts, Instagram Reels, and TikTok reward short videos that capture attention quickly. A blog post, quote, or short script can be transformed into a 15 to 60 second video using Pictory or CapCut. Voice narration can be generated with ElevenLabs or Play.ht, while royalty-free background music helps create an engaging atmosphere. AI tools also allow creators to batch produce multiple pieces of content and schedule them in advance, making it easier to stay consistent.

A faceless brand can also expand beyond social media. Written blog posts can become podcast episodes or narrated audiobooks using ElevenLabs. ChatGPT can help write newsletters or long-form articles for platforms like Medium. These pieces of content can then promote digital products, memberships, or online courses. In this way, a faceless identity can still build trust, authority, and revenue while remaining entirely behind the scenes.

Another option is to create an AI avatar using platforms such as Synthesia or HeyGen. These tools generate realistic presenters that can deliver scripts in multiple languages. The avatar can be used to teach lessons, explain products, or deliver marketing messages for videos, courses, or advertisements. Combined with AI voice cloning and text-to-video technology, a brand can become multilingual and scalable without requiring additional staff.

Audiences rarely care whether a creator appears on camera. What matters most is clarity, consistency, and value. AI makes it possible to deliver all three without ever being visible. As the brand grows, the creator can choose to reveal their identity or continue operating anonymously. Either way, AI provides the ability to build a respected and profitable brand from behind the scenes.

No one knew who ran the "Wisdom Pulse" Instagram account. The logo was simple, just white text on a black background. The videos were minimalistic as well: calm voiceovers paired with soft music and short quotes layered over slow-moving visuals of oceans, forests, and quiet city streets. Yet within eight months the page had gathered more than 200,000 followers, reached over a million views per week, and generated more than $110,000 in revenue. Behind the account was Adrian, a 29-year-old with severe social anxiety who had not shown his face online in over five years.

Adrian loved writing. His notebooks were filled with reflections, quotes, and ideas about life. But every time he considered sharing them publicly, anxiety stopped him. Recording videos, speaking on camera, or risking online criticism felt overwhelming. For years he simply watched other creators grow their audiences while he remained silent. One evening, after watching several AI tutorials on YouTube, he realized something important. What if he didn't need to be the face of the message? What if the message could stand on its own?

The next morning he opened ChatGPT and asked it to write a short motivational script for someone going through a difficult time. The response was thoughtful and encouraging. Adrian pasted the text into ElevenLabs and selected a calm, soothing voice. Then he paired the narration with relaxing video footage using Pictory. Within an hour he had created a one-minute video without recording anything himself. He posted it on Instagram and TikTok under the name Wisdom Pulse.

The video received seventy-three views. It was not viral, but it was enough to motivate him.

The next day he posted two more videos, and the day after that he posted five. Using ChatGPT for scripts, Canva for simple visuals, ElevenLabs for voice narration, and Pictory for editing, Adrian slowly built a library of faceless content. His process was simple: one quote, one script, one minute of video, every day. Within three weeks one of his videos reached 17,000 views. Comments began appearing from viewers saying the videos helped them through difficult moments. No one asked who he was, which allowed him to remain comfortable behind the scenes.

As the audience grew, Adrian expanded his brand. He created a digital journal based on his motivational scripts using Canva and bundled it with a calming audio affirmation series produced with ElevenLabs. He sold the package as a $19 digital download through Gumroad. Automated systems delivered the product instantly to customers. He later created a free "Daily Reset" checklist as a lead magnet and built an email sequence using MailerLite that promoted his journal, audio content, and eventually a digital course on emotional resilience narrated entirely with AI voices.

Within six months his brand had grown to more than 30,000 email subscribers and hundreds of thousands of followers across social platforms. His income surpassed what he once earned at his full-time job. Yet he had never shown his face, never recorded a personal video, and never spoken publicly.

Adrian's brand became a quiet sanctuary for people seeking encouragement and reflection. Followers were not drawn to his identity; they were drawn to the feeling his content created. AI allowed him to express ideas and emotions without stepping into the spotlight.

When people eventually asked whether he would reveal his identity or appear on camera, Adrian would simply smile and reply that the message mattered more than the messenger. AI had given him the freedom to build something meaningful in silence while his work spoke loudly for those who needed it.

第10章：長期的なAI自由プラン ― 拡大、ライセンス化、または売却する方法

AIを使った最初の収入源を構築したら、次に考えるべきなのは長期的な視点です。これをどのようなものに成長させたいでしょうか。副業として続けるのか、ライフスタイルビジネスとして育てるのか、それとも売却可能なデジタル資産として構築するのか。この最終章では、AIを活用した活動を長期的な自由へとつなげる方法について説明します。規模を拡大する、作品をライセンス化する、あるいはビジネスとして売却するという選択肢を通して、AIビジネスを資産に変えていく考え方を紹介します。

拡大とは、時間を増やさずに影響力と収入を増やすことを意味します。AIを活用すればこれは十分に実現可能です。例えば、デジタル商品のバンドルを作る、コンテンツを複数のプラットフォームで再利用する、プレミアム版を提供する、あるいは複数の言語で商品を展開するなどの方法があります。ChatGPTとSynthesiaを使って一度作成したオンラインコースを、AI音声ツールでスペイン語、フランス語、ドイツ語などに翻訳して再録音すれば、同じコースを世界中に販売できます。そのコースをUdemy、Teachable、Gumroadなど複数のプラットフォームで同時に販売すれば、一つの商品から複数の収入源を生み出すことができます。

もう一つの拡大方法は、自動化と委任です。Zapier、Chatbase、MailerLiteなどのツールを使えば、販売、顧客サポート、マーケティングの多くを自動化できます。これにより、新しいアイデアや商品開

発に集中する時間が生まれます。収入が安定してきたら、システムの改善に再投資したり、AIではまだ難しい作業（例えば高度なデザインや細かな編集）だけを外注することもできます。多くの一人運営のAIビジネスは、週に数時間のメンテナンスだけで月5,000ドルから20,000ドル規模まで成長しています。

長期収入のもう一つの賢い方法がライセンスです。教育動画、ワークブックシリーズ、ニッチな音声ライブラリなど、有用なデジタル資産を作成した場合、それを企業、コーチ、学校、コンテンツクリエイターにライセンス提供できます。一度きりの販売ではなく、使用権を提供することで継続的な収入を得る仕組みです。AIを使えばこれらのコンテンツを素早く制作・カスタマイズでき、GumroadやPodiaのようなプラットフォームでアクセスや価格設定を管理できます。

そして見落とされがちな機会が、ビジネスの売却です。オンラインビジネスは不動産と同じように価値のある資産になります。Flippa、Empire Flippers、MicroAcquireなどのマーケットプレイスには、YouTubeチャンネル、Etsyショップ、電子書籍ライブラリ、AIサイトなど、数多くのデジタルビジネスが売買されています。安定したアクセス、収益、 automation、そして成長するオーディエンスがあれば、あなたのビジネスは月間利益の12〜36倍の価値で売却できる可能性があります。つまり、月2,000ドル稼ぐビジネスは24,000ドルから72,000ドル以上で売却できる可能性があります。

拡大するにしても、ライセンス化するにしても、売却するにしても、最初から本物のビジネスとして扱うことが重要です。パフォーマンスを追跡し、システムを整理し、価値あるコンテンツを提供し続けてください。収入は後からついてきます。そしてそれ以上に重要なのが自由です。世界のどこにいても、ノートパソコンとAIツールさえあれば、自分の条件で働ける自由です。

最後のストーリーでは、AIで作成した一冊の電子書籍から始まり、最終的に6桁の金額でデジタルブランドを売却した人物の話を紹介します。最もシンプルなAIプロジェクトでさえ、長期的な資産へと成長する可能性があることを証明する物語です。

イーサンはたった一冊の電子書籍から始めました。それは「Mastering Remote Work」という40ページほどの短いガイドで、ほとんどの文章はChatGPTを使って作成されました。Canvaでレイアウトを整え、シンプルな表紙を作り、Gumroadで販売を開始しました。最初の月の売上は142ドルでした。決して大きな額ではありませんでしたが、自分が作ったものにお金を払う人がいるという証明でした。

励まされたイーサンは制作を続けました。その後の3か月で、さらに3冊のガイドを作成しました。生産性、フリーランサー向けのAIツール、オンラインポートフォリオ構築についてのガイドです。ChatGPTで文章を作成し、ElevenLabsでオーディオブック版を制作し、Pictoryでプロモーション動画を作りました。それらをまとめて「The Digital Work Toolkit」というシリーズにし、紹介用のウェブサイトを作りました。

売上は徐々に増えていきました。MailerLiteで自動メールシーケンスを設定し、顧客へのフォローアップや商品バンドルの提案、無料リードマグネットの配布を行いました。Zapierを使ってGumroadとGoogle Sheetsを連携し、すべての購入データを自動記録しました。6か月後には、この小さな商品ライブラリが毎月約1,500ドルを生み出していました。チームも従業員もいませんでした。AIツールがほとんどの作業を担っていたのです。

しかしイーサンは商品の販売だけにとどまりませんでした。ある日、小さな企業の経営者から「リモートチームの研修用にこの内容を使わせてもらえませんか」という問い合わせが届きました。そこで彼はライセンスというビジネスモデルを知りました。電子書籍をホワイトラベル形式に書き直し、企業向けに一括料金または年間契約で提供し始めました。Carrdで作ったシンプルなランディングページと決済リンクを使い、1か月で3社と契約しました。それぞれ1,000ドルの契約です。

商品ライブラリとライセンス契約が増えるにつれて、オーディエンスも拡大しました。彼のYouTubeチャンネルではガイドの内容をAI音声で要約した動画を投稿し、登録者は10,000人を超えました。メールリストも25,000人に達しました。彼は本当に価値のある資産を作り上げていたのです。自分の時間に依存しない、世界中に届く自動化されたビジネスです。

そして2年目、イーサンは大胆な決断をしました。ビジネスを売却することにしたのです。彼はFlippaにビジネスを掲載しました。数週間のうちに3件のオファーが届き、そのうちの一社はリモートワーク研修を専門とする企業でした。AIで作られ、自動化され、複数の収益源（電子書籍、オーディオブック、ライセンス、YouTube広告、メールマーケティング）を持つビジネスに強い価値を感じたのです。交渉の末、売却価格は72,000ドルで合意しました。

週末の作業と無料ツールから始めたビジネスが、数万ドルの価値を持つ資産になったのです。動画を撮影する必要も、従業員を雇う必要も、投資資金を集める必要もありませんでした。

何が成功の理由だったのかと聞かれると、イーサンは運や才能ではなく、こう答えました。最初から資産として作ったことだ。出口を意識して構築した。AIはそれをただ速くしてくれただけだ、と。

ビジネスを売却した後、イーサンは6か月の休暇を取り、旅に出ました。しかし彼はそこで終わりではありませんでした。すでに次のAIプロジェクトの計画を立てていたのです。今回は別の分野で、さらに多くの自動化を取り入れ、より大きなビジョンを持って。

AIがあなたの収入だけでなく、時間、自由、未来まで変える可能性を体験したら、もう後戻りはできません。

人は「もしもできたら？」とは考えなくなります。

そしてこう考えるようになるのです。

次は何を作ろうか、と。

まとめ

人工知能はもはや遠い未来の概念でも、専門家だけのためのツールでもありません。すでにここにあり、誰でも利用でき、あなたのために働く準備ができています。この本を通して、あなたはAIがどのように文章を書き、デザインを作り、音声を生成し、業務を自動化し、商品を販売し、ビジネスを拡大するのに役立つのかを学びました。しかも、技術的な専門知識がなくても、カメラの前に立たなくても、そして多くの場合わずかな費用で始めることができます。副収入を得たい場合でも、時間の自由を手に入れたい場合でも、将来売却できるビジネスを築きたい場合でも、進むべき道はシンプルです。小さく始め、仕組みを作り、AIをあなたのチームとして活用することです。

この本の中では、親、教師、クリエイター、専門職など、ごく普通の人々がAIを使って人生を変えていく様子を見てきました。彼らが使ったツール、実行したステップ、そして持っていた考え方を学びました。AIは努力や ambition を置き換えるものではありません。それを拡大するものです。あなたのアイデア、あなたの声、あなたの視点を、世界中に届ける商品やビジネス、ブランドへと変えてくれるのです。

これは旅の終わりではありません。ここが出発点です。あなたは今、基礎、インスピレーション、そして行動のためのロードマップを手にしました。次の一歩を踏み出すかどうかは、あなた次第です。

著者ジョー・コレアからの最後のメッセージ

ここまで読み進めてくれてありがとうございます。あなたは最も大切な資源である時間をこの本に投資してくれました。その価値を私はとても大切に思っています。私が最初にAIツールを発見したとき、何が起こるのか正直わかりませんでした。大きなチームも、マーケティング会社も、豊富な資金もありませんでした。ただ、自分でコントロールできる何か本物のものを作りたいという気持ちがありました。そしてAIが、そのチャンスを与えてくれたのです。

それ以来、私はオンラインコース、本、デジタル商品、そして自動化されたビジネスを作ってきました。それらの多くは自宅の静かな時間の中で、無料または低コストのツールを使って生まれたものです。これは自慢するために言っているのではありません。もし私にできるなら、あなたにもできるということを伝えたいのです。

あなたはテクノロジーの天才である必要はありません。誰かの許可も必要ありません。必要なのは、明確な目標、継続する姿勢、そして最初の一歩を踏み出す勇気です。たとえ完璧でなくても構いません。AIはあなたの創造性や声を置き換えることはできません。しかし、それを何倍にも広げ、あなたの時間を解放し、本当に大切なことに集中できるようにしてくれます。

これから先、ぜひ行動してください。この本の中から一つの方法、一つのツール、または一つのアイデアを選び、今週中に何かを作ってみてください。いつかではなく、今週です。なぜなら、最初の不完全な一歩を踏み出した瞬間から、勢いが生まれるからです。

自由は待っているだけでは手に入りません。創り出すものです。

好奇心を持った初心者から、自信あるクリエイターへ、そしてデジタル起業家へ。

あなたのAI収入帝国を築く旅に乾杯。

一つの賢い行動から始めていきましょう。

www.ingramcontent.com/pod-product-compliance
Lightning Source LLC
LaVergne TN
LVHW050804051026
849532LV00008B/2953